AF191513

Te quiero tal y como eres ISBN 9788411744393 © Grete Garrido, 2023

Impresión y editorial: BoD – Books on Demand
info@bod.com.es – www.bod.com.es
Impreso en Alemania – Printed in Germany

ESTE LIBRO PERTENECE A ESTA MARAVILLOSA Y ESPECIAL PERSONA:

LULO, LULA, LULE, LULI Y SUS
AMIGOS SON MONSTRUITOS
MUY DIFERENTES QUE TIENEN
ALGO EN COMÚN.

A TODOS LES GUSTA QUE SUS
AMIGOS SEAN COMO SON Y
SEAN FELICES. AUNQUE A
VECES NO ENTIENDAN
O LES SORPRENDA LO QUE
HACEN, SIEMPRE SONRÍEN
Y SE DICEN:

TE QUIERO TAL Y COMO ERES

A LILO LE ENCANTA EL BALLET. DESPUÉS DEL COLE SE PONE SU TUTÚ ¡Y A BAILAR!

¡ESTAMOS DESEANDO QUE NOS ENSEÑE ALGUNOS PASOS DE BAILE!

LILI APRENDE MÁS DESPACIO EN EL COLE
Y PREGUNTA SIEMPRE LO QUE NO ENTIENDE

ELLA ES GENIAL ¡Y A TODOS NOS VIENE
MUY BIEN REPASAR LAS LECCIONES!

ALIMENTA TU CURIOSIDAD, APRENDE, INTENTA O CREA ALGO NUEVO

LILÍN TIENE UNA FAMILIA COMPUESTA
POR DOS PAPÁS

ES EL MONSTRUITO MÁS FELIZ DEL
MUNDO PORQUE SE SIENTE MUY QUERIDO

LULO A VECES SE HACE UN LÍO CON LAS
LETRAS Y LAS CAMBIA DE ORDEN

LE QUEREMOS UN MONTÓN Y GRACIAS
A ÉL ¡INVENTAMOS PALABRAS NUEVAS!

RECUÉRDATE
A TI MISMO
QUE PUEDES
HACER GRANDES
COSAS

LALI NECESITA APARTARSE Y ESTAR
SOLA DE VEZ EN CUANDO

NOS ENCANTA QUE ELLA HAGA
LO QUE NECESITE PARA SENTIRSE BIEN

LILU VA SIEMPRE EN SU SILLA DE RUEDAS

LE QUEREMOS MUCHO Y JUGANDO
AL TENIS ¡ES UN CRACK!

LOLA NO PUEDE HACERLO TODO ELLA SOLA
Y POR ESO PIDE AYUDA

ELLA ES FENOMENAL Y NOS PARECE GENIAL
QUE PIDA AYUDA CUANDO LO NECESITE

AL NACER, SUS PAPÁS LA LLAMARON LUNA
PERO AL CRECER DESCUBRIÓ SU VERDADERA
IDENTIDAD Y AHORA SE LLAMA LUNO

LUNO ES MARAVILLOSO Y SÓLO QUEREMOS
QUE SE SIENTA SIEMPRE ÉL MISMO

AYUDA A LOS DEMÁS

LALE HA VENIDO DE OTRO PAÍS, HABLA
DIFERENTE Y COME OTRAS COSAS.

QUEREMOS MUCHO A LALE ¡Y NOS
HA ENSEÑADO MUCHAS COSAS NUEVAS!

A LOLU LE HAN PUESTO GAFAS PARA QUE
VEA MUY BIEN TODO LO QUE PASA

LE QUEDAN FENOMENAL ¡Y AHORA ES
EL QUE MEJOR VE DE TODOS!

UN ABRAZO

ES EL MEJOR

REGALO QUE

PUEDES

DAR

A LILÍN LE GUSTA EMPEZAR LA
COMIDA POR EL POSTRE

NOS ENCANTA QUE NOS RECUERDE QUE LAS
COSAS SE PUEDEN HACER DE OTRA MANERA

A VECES LULU SE SIENTE ENFADADA
Y NO SABE POR QUÉ

ENTONCES LA ABRAZAMOS MUY FUERTE Y LE
DECIMOS QUE LA QUEREMOS ¡MÁS TODAVÍA!

RECUERDA SIEMPRE QUE NADIE ES PERFECTO

LE QUEREMOS UN MONTÓN Y COMO LEE
LOS LABIOS ¡SE ENTERA HASTA DE LO QUE
NOSOTROS NO PODEMOS ESCUCHAR!

LILÚN ES MUY INQUIETO Y A VECES TIENE
MIEDO DE QUE ALGO SALGA MAL

ÉL ES GENIAL Y SIEMPRE LE DECIMOS QUE
ESTANDO JUNTOS, NADA MALO NOS PASARÁ

LULE A VECES SE SIENTE TRISTE AUNQUE A
SU ALREDEDOR TODO EL MUNDO ESTÉ FELIZ

QUEREMOS A LULE
POR SENTIR COMO SIENTE

A LULI NO LE GUSTA IR CON FALDA,
ASÍ QUE SIEMPRE LLEVA PANTALONES

¡NOS GUSTA MUCHO QUE ELLA
VISTA COMO QUIERA!

NO HAY NADIE IGUAL QUE TÚ. POR ESO ERES MARAVILLOSO

A LULO LE GUSTA PINTARSE LAS UÑAS DE COLORES

¡CREEMOS QUE ÉL COMBINA LOS COLORES COMO NADIE!

LULU DIBUJA GATOS CON 6 PATAS
Y EL SOL DE COLOR AZUL

¿NO ES GENIAL QUE VEA EL MUNDO
A SU MANERA? ¡CLARO QUE SÍ!

LULI DICE QUE DE MAYOR CONSTRUIRÁ
UNA NAVE ESPACIAL Y VIVIRÁ EN VENUS

ES GENIAL PONERSE GRANDES METAS
¡CONSEGUIRÁ LO QUE SE PROPONGA!

LILA SABE MUY BIEN LO QUE
QUIERE Y POR MUCHO QUE INSISTAN,
CUANDO DICE NO, QUIERE DECIR NO

QUEREMOS MUCHO A LILA Y SU NO
SIEMPRE SERÁ NO.

SÉ HONESTO
CONTIGO
MISMO.
ERES MUY
VALIOSO

LOLU TIENE SUS CUERNOS DE
VARIOS COLORES

LOLU ES MUY MOLÓN SIEMPRE ¡Y MÁS
AÚN CON SUS CUERNOS DE COLORES!

LILO A VECES SE VUELVE MUY TÍMIDO
Y TODO LE DA VERGÜENZA

QUEREMOS A LILO, TANTO CUANDO BAILA
COMO CUANDO SE ESCONDE BAJO SU GORRO

DI TU VERDAD:
DI LO QUE
PIENSAS,
NECESITAS Y
SUEÑAS